JESUS NAISSANT,
ADORÉ PAR LES BERGERES,
PASTORALE EN MUSIQUE,
DÉDIÉE A LA REINE,
REPRÉSENTÉE PAR LES DEMOISELLES
DE L'ENFANT JESUS.

Les Paroles font de M. l'Abbé BONVALLET DES BROSSES,
Affocié à l'Académie Royale des Belles-Lettres de la Rochelle.

La Mufique eft de la compofition de M. l'Abbé MARLET,
Bénéficier de Saint Germain l'Auxerrois.

A PARIS,
Chez THIBOUST, Imprimeur du ROY,
Place de Cambray.

M. DCCXLIV.

A LA REINE.

ADAME,

 *C'est à la sollicitation des Demoiselles de l'*Enfant Jesus, *que j'ai entrepris le Poëme que j'ose offrir à* Votre Majesté. *Peu exercé dans l'Art de faire des Vers, le désir de répondre à ce qu'elles ont exigé de moi, m'a tenu lieu de talent & d'expérience. Heureux, si mes efforts, méritant l'attention de* Votre Majesté, *justifioient leur choix aux yeux du Public!* J'espére du moins, Madame, *que Vous ne condannerez point l'ambition qui m'a fait essayer de contribuer en quelque chose aux pieux divertissemens d'une Jeunesse Illustre & Vertueuse, que* Votre Majesté *veut bien honorer de son Auguste Protection.*

Tel est, MADAME, l'esprit de la Maison de l'ENFANT JESUS. Etablissement si utile! La jeune Noblesse y reçoit une éducation également digne, & de l'éclat de son Origine, & de la Sainteté du Christianisme. Les amusemens même, les jeux y respirent je ne sçai quoi de grand & de Divin. La Musique & la Poësie, rappellées à l'excellence de leur primitive destination, ne s'y unissent que pour célébrer la grandeur de DIEU, & les Vertus Royales de VOTRE MAJESTE'.

Que ne puis-je, MADAME, Vous rendre ici, toute la vivacité des transports qu'excite dans les cœurs des Demoiselles de l'ENFANT JESUS le sentiment continuel de Vos Bontés! Je suis témoin qu'il ne se passe aucun jour, où, de concert, elles n'élevent vers DIEU leurs mains innocentes, pour attirer sur Votre Auguste Personne les graces & les bénédictions les plus précieuses. Le Ciel, MADAME, pourroit-il rejetter, pourroit-il même ne pas combler des vœux formés par des Ames si pures, & adressés en faveur d'une REINE qui lui est si chere?

Quelle gloire pour moi, MADAME, si Vous daignez favoriser de quelques regards le premier hommage public que je prens la liberté de rendre à VOTRE MAJESTE'! & quelle obligation d'ajouter une reconnoissance infinie aux sentimens du très-profond respect avec lequel je suis,

MADAME,

DE VOTRE MAJESTE',

Le très-humble, très-obéissant, & très-fidéle Serviteur & Sujet,
BONVALLET DES BROSSES, Prêtre.

JESUS NAISSANT
ADORÉ PAR LES BERGERES.

PASTORALE EN MUSIQUE.

POUR LES DEMOISELLES DE L'ENFANT JESUS.

Premiere Entrée.

Le Théâtre représente une Plaine avec quelques Hameaux de Bergers.

UNE BERGERE.

Premiere Musette.

Lieux charmans, séjour tranquille
D'une douce félicité !
De l'innocence heureux azile !
Que vous avez d'attraits pour mon cœur enchanté !

A couvert du bruit des Villes,
Loin du tumulte des Cours,
Au sein des Plaines fertiles
Nous coulons les plus beaux jours.
Lieux charmans, &c.

Seconde Musette.

Dans nos vallons pacifiques
Tout respire le mépris
Des biens faux & chimériques
Dont les Mortels sont épris.

L'or & l'azur des lambris ;
L'orgueil des marbres antiques,
Les plus superbes portiques,
A nos yeux perdent leur prix.

Hameaux chéris ! toits rustiques !
Vous nous plaisez plus cent fois
Que les Palais magnifiques
Où brille l'éclat des Rois.
Dans nos vallons, &c.

Lieux charmans ! séjour tranquille
D'une douce félicité !
De l'innocence heureux azile !
Que vous avez d'attraits pour mon cœur enchanté !

DEUX BERGERES.

La Terre riante
Ici nous présente
La scêne touchante
Des plus doux objets.
De ses premiers traits
L'Aurore naissante
Dore nos forêts.
L'œil de la Nature,
Le flambeau des Cieux,
D'une clarté pure
Y répand les feux.

UNE BERGERE.

Aimable solitude !
Où nulle inquiétude
Ne trouble nos cœurs.

CHŒUR DES BERGERES.

Aimable solitude !
Où nulle inquiétude
Ne trouble nos cœurs.

LA BERGERE.

La cruelle envie,
La jalousie,
Ne font jamais couler nos pleurs.

CHŒUR DES BERGERES.

Aimable solitude !
Où nulle inquiétude
Ne trouble nos cœurs.

LA BERGERE.

Des soins, des soucis rongeurs
La troupe ennemie,
De noires vapeurs
N'altere point les douceurs
Que fait ici goûter une innocente vie.

CHŒUR DES BERGERES.

Aimable solitude !
Où nulle inquiétude
Ne trouble nos cœurs.

Simphonie vive.

PETIT CHOEUR D'ANGES,

Que l'on entend, & que l'on ne voit point.

Gloire immortelle,
Louange éternelle

A Dieu, dans les Cieux !
Que tout, sur la Terre,
Du Maître du Tonnerre
Célebre le Nom glorieux !

UNE BERGERE.

Quels sublimes concerts !... Ciel ! que viens-je d'entendre...
Quoi !... le Dieu Tout-puissant va-t-il ici descendre !...

ENTRÉE DES ANGES.

UN ANGE.

Bannissez de vaines frayeurs :
Rassurez-vous, jeunes Bergeres.
Le Ciel, touché de vos miseres,
Répand sur vous ses plus tendres faveurs.
L'objet des soupirs de vos peres,
Le Rédempteur à Sion destiné :
Ce Roi, dont la puissance, à jamais affermie,
Des rivaux de Jacob doit confondre l'envie :
Le CHRIST, aujourd'hui vous est né.

PETIT CHŒUR D'ANGES.

Plus de troubles, plus de guerre :
Une éternelle paix va regner sur la Terre.
Regnez, divine Paix !
Regnez à jamais !

CHŒUR DES ANGES ET DES BERGERES.

Regnez, regnez, divine Paix !
Regnez à jamais !

UN ANGE.

Tristes Humains ! courbés sous le poids de vos fers,
Respirez. Triomphez du Tiran des Enfers.

Un Dieu brise aujourd'hui vos chaînes;
Il termine vos peines.
Respirez. Triomphez du Tiran des Enfers.

CHŒUR DES BERGERES.

Dieu termine nos peines :
Il brise nos chaînes.
Tiran des Enfers !
Nous ne gémirons plus sous le poids de tes fers.

DEUX ANGES.

Quels biens vous sont préparés,
Mortels chéris des Cieux ! venez les reconnaître.
Le Sauveur vient de naître :
Tous vos malheurs sont réparés.

TROIS ANGES.

Le Seigneur a rempli son antique promesse.
Il satisfait, dans ce jour,
Et vos désirs, & son amour.

UN ANGE.

Pour célébrer sa tendresse,
Troupe fidele, unissez vos efforts.
Joignez à des cris d'alégresse
Les plus tendres accords.
Et que tout l'Univers s'empresse
De partager de si justes transports.

CHŒUR DES ANGES ET DES BERGERES.

Célébrez }
Célébrons } sa tendresse.

Unissez vos }
Unissons nos } efforts.

Joignez } à des cris d'alégresse
Joignons }
  Les plus tendres accords.
 Et que tout l'Univers s'empresse
De partager de si justes transports.

UNE BERGERE.

Disparois, triste Hiver, effroi de la Nature.
Et vous, vents furieux, terribles Aquilons,
  Ne soufflez plus la froidure
  Sur nos tranquilles vallons.

UNE DEUXIE'ME BERGERE.

  Renaissez, Printems aimable,
Renaissez, Renaissez; & par un prompt retour
Rendez hommage au Dieu propice & secourable
  Qui nous sauve en ce jour.

CHŒUR DES BERGERES.

  Renaissez, Printems aimable,
Renaissez, Renaissez; & par un prompt retour
Rendez hommage au Dieu propice & secourable
  Qui nous sauve en ce jour.

UNE TROISIE'ME BERGERE.

Vous, paisibles Zéphirs, de vos douces haleines,
 Réchauffez l'air, & ranimez les plaines.
Dissipez les frimats, & rendez aux ruisseaux
  Captifs dans ces sombres bocages
  Le doux murmure de leurs eaux.

CHŒUR DES BERGERES.

  Renaissez, Printems aimable,
Renaissez, Renaissez; & par un prompt retour

Rendez

Rendez hommage au Dieu propice & secourable
Qui nous sauve en ce jour.

UNE QUATRIE'ME BERGERE.

Arbres, reprenez vos feuillages ;
Couronnez vous de verdoyans rameaux :
Formez d'agréables berceaux.

CHŒUR DES BERGERES.

Renaissez, Printems aimable,
Renaissez, Renaissez ; & par un prompt retour
Rendez hommage au Dieu propice & secourable
Qui nous sauve en ce jour.

UNE CINQUIE'ME BERGERE.

Volez, tendres oiseaux, sous ces ombrages verds,
Qu'arrose une onde vive & pure ;
Venez y retrouver vos voix & vos concerts.

CHŒUR DES BERGERES.

Renaissez, Printems aimable,
Renaissez, Renaissez ; & par un prompt retour
Rendez hommage au Dieu propice & secourable
Qui nous sauve en ce jour.

UNE SIXIE'ME BERGERE.

Sortez, brillantes fleurs, du sein de la verdure :
Emaillez les côteaux, & parfumez les airs.

CHŒUR DES BERGERES.

Renaissez, Printems aimable,
Renaissez, Renaissez ; & par un prompt retour
Rendez hommage au Dieu propice & secourable
Qui nous sauve en ce jour.

UN ANGE.

Hâtez-vous de quitter ces lieux.
Suivez nos pas, volez, innocentes Bergeres;
Le Sauveur, attendu si long-tems de vos Peres,
Va paroître à vos yeux.

DEUX BERGERES.

Tout nous engage :
Quel autre gage
Pouvons-nous demander de la bonté des Cieux ?
Hâtons-nous, sortons de ces lieux :
Courons, volons, Bergeres.
Allons voir de nos yeux
Le Sauveur promis à nos Peres.
Portons-lui de nos cœurs les hommages sinceres.

CHŒUR DES ANGES ET DES BERGERES.

Hâtez-vous, sortez, } de ces lieux :
Hâtons-nous, sortons }

Suivez nos pas } Bergeres.
Courons, volons }

Venez voir de vos } yeux
Allons voir de nos }

Le Sauveur promis à vos } Peres.
Le Sauveur promis à nos }

Il attend de vos } cœurs les hommages sinceres.
Portons-lui de nos }

MARCHE DES ANGES ET DES BERGERES.

Fin de la premiere Entrée.

JESUS NAISSANT
ADORÉ PAR LES BERGERES.
PASTORALE EN MUSIQUE.
POUR LES DEMOISELLES DE L'ENFANT JESUS.

SECONDE ENTRE'E.

Le Théâtre représente l'Etable de Bethléem, au fond de laquelle L'ENFANT JESUS *paroît couché dans la Créche.*

UN ANGE.

SOUS les humbles dehors qui s'offrent à vos yeux
Reconnoissez l'Auteur de la Terre & des Cieux.
    Tel est son amour extrême :
Il dépouille sa gloire ; & ce Dieu Tout-Puissant
    Voile sa Majesté suprême
    Sous la forme d'un Enfant.

UN SECOND ANGE.

    Il pouvoit, armé du Tonnerre,
Et précédé d'un feu par son souffle allumé,
Sur un Trône éclatant se montrer à la Terre.
Vous l'eussiez craint alors : mais il veut être aimé.

UN TROISIE'ME ANGE.

    O vous ! innocente Jeunesse,
Qui de cet Enfant-Dieu venez former la Cour :
    Par des transports de tendresse
    Répondez à son amour.

CHŒUR DES ANGES ET DES BERGERES.

Que la plus vive allegreſſe
Vous ⎱
Nous ⎰ anime en ce jour.
Que, par un juſte retour,
    Votre ⎱
    Notre ⎰ amour
  Egale ſa tendreſſe.

UN ANGE.

Vous recevez les premiers gages
De ſes Immortelles faveurs ;
Rendez-lui les tendres hommages
  De vos ſenſibles cœurs.

UN SECOND ANGE.

Son bras arrête la foudre
  Prête à mettre en poudre
  Les Mortels ingrats.
  Il lave leur crime.
  Il ferme l'abîme
  Creuſé ſous leurs pas.
Lui-même il ſe rend victime
Pour les arracher au Trépas.

UN TROISIÉME ANGE.

  Tout va changer dans la Nature :
Tout va de ſa préſence éprouver les effets.
Ainſi qu'aux premiers jours, ſans ſoins & ſans culture,
D'abondantes moiſſons couvriront les Guerets.
  L'Hiver au ſein des Campagnes fleuries
    Ne ſéchera plus les gazons :

Et les feux du Printems , dans les vertes prairies,
Parmi des Plantes chéries
Ne feront point germer de funestes poisons.
Les fortunés Bergers au son de la Musette
Verront bondir ensemble & le Tigre & l'Agneau.
Un tendre Enfant, sous la même houlette
Les conduira dans le même hameau.
On verra l'Ours & le Lion, paisibles,
Dans leurs griffes terribles,
Bercer le jeune Chevreau.
Entre les fleurs & la fougere,
Le plus timide enfant ira flater l'aspic,
Et porter sa main légere
Sur la tête du Basilic.

UN QUATRIEME ANGE.

Ainsi ce Dieu, par sa naissance,
Vient vous combler des dons les plus parfaits.
Que dans vos cœurs tant de bienfaits,
Gravés par la reconnaissance,
Y soient conservés à jamais.

UNE BERGERE.

Tendre reconnaissance !
Pénétrez nos cœurs.
Consacrez les faveurs
Que sa main nous dispense.

CHŒUR DES BERGERES.

Tendre reconnaissance !
Pénétrez nos cœurs.
Consacrez les faveurs
Que sa main nous dispense.

DEUX BERGERES.

Du Ciel il calme les rigueurs :
Il détourne les traits de sa juste vengeance.

CHŒUR DES BERGERES.

Tendre reconnaissance !
Pénétrez nos cœurs.
Consacrez les faveurs
Que sa main nous dispense.

DEUX BERGERES.

L'heureux moment de sa naissance
Est la fin de tous nos malheurs.

CHŒUR DES BERGERES.

Tendre reconnaissance !
Pénétrez nos cœurs.
Consacrez les faveurs
Que sa main nous dispense.

DEUX BERGERES.

Une profonde paix, une douce abondance,
Vont succeder à nos longues douleurs.

CHŒUR DES BERGERES.

Tendre reconnaissance !
Pénétrez nos cœurs.
Consacrez les faveurs
Que sa main nous dispense.

DEUX PETITES BERGERES.

Sous la foiblesse de l'enfance
Il a caché sa puissance
Pour mieux gagner nos cœurs.

UNE BERGERE.

O Ciel! d'un tendre sourire
Il favorise nos vœux!....
Ah! bergeres, suivons l'ardeur que nous inspire
L'amour généreux
De cet enfant plein de charmes:
Et, par un transport nouveau,
Allons des plus douces larmes
Baigner son Berceau.

CHŒUR DES BERGERES

Prosternées au pied de la Crêche.

Vous, que l'excès de votre amour
Fait descendre ici bas de l'immortel séjour:
Tendre Enfant! Dieu sécourable!
Recevez d'un œil favorable
Et notre hommage & nos vives ardeurs.
Ah! pour prix de tant de faveurs,
Vous regnerez, Sauveur aimable!
Vous regnerez à jamais sur nos cœurs.

GRAND BRUIT DE SIMPHONIE.

Une petite Bergere se leve tout-à-coup, inspirée de l'Esprit Prophétique.

Les autres Bergeres se relevent aussi quelque tems après.

LA PETITE BERGERE.

Où suis-je!... Quelle ardeur m'anime!...
Dieu!... Quel spectacle sublime
A ce moment frape mes yeux!...
Quelle invisible main vient d'entr'ouvrir les Cieux!...

Non, les Prophétes antiques,
Dans leurs transports extatiques
N'ont rien vû de plus merveilleux....

Simphonie.

Les Cieux ont reçu ta priere....
Brise ton joug, Sion!... Ton Sauveur vient à toi...
Tes ennemis tremblans ont mordu la poussiere....
A l'Univers entier tu vas donner la Loi....

Simphonie.

Elle se jette avec transport aux pieds de l'Enfant JESUS.

Doux espoir de mon Peuple!.. O Christ!.. O puissant
  Roi!....
Fils du Très-Haut!.. Fils égal à ton Pere!...
Que tout ce qui respire, aujourd'hui te revere,
  Et t'adore avec moi.

Simphonie.

Elle se releve brusquement.

Tremble, Satan!... Pâlis d'effroi....
Ton Empire est détruit... Vous, que le Crime encense,
Tombez, frivoles Dieux!.. Vains Oracles! Silence...
Aveugle Erreur! fai place au Flambeau de la Foi....

Simphonie.

Un nouvel Astre luit dans la Céleste Voute....
Mages! partez.... Suivez sa lumineuse route....
Etoile de Jacob!... C'est pour vous qu'elle luit,
Peuples ensevelis dans l'horreur de la nuit....
Infortunés Mortels!... Que votre Ame ravie
Rende grace au Sauveur qui change votre sort....

Sa voix vous rappelle à la vie....
Sortez des Ombres de la Mort....

Simphonie.

Ils partent.... Je les vois !... O Sion !... Cité Sainte !
Reçoi tes nouveaux Fils..... Dilate ton enceinte....

Simphonie.

O foudaine Alliance !... O lien précieux !...
Toi, Divin Chef !... Objet de leur hommage !
Eten fur eux, Seigneur ! ton Sceptre radieux ;
Et reçoi, pour Héritage,
Des deux Peuples unis l'Empire glorieux.

CHŒUR DES ANGES ET DES BERGERES.

Recevez pour Héritage,
Des deux Peuples unis, l'Empire glorieux.

Fin de la feconde & derniere Entrée.

Vû l'Approbation. Permis d'Imprimer, ce 6 Août 1744.
Signé, FEYDEAU DE MARVILLES.

www.ingramcontent.com/pod-product-compliance
Lightning Source LLC
Chambersburg PA
CBHW070456080426
42451CB00025B/2761